FRAGMENS

SUR

LE JARDINAGE

DES ANCIENS.

DESCRIPTION

DU JARDIN D'ALCINOUS

ET

DE LA GROTTE DE CALYPSO.

FRAGMENS SUR LE JARDINAGE DES ANCIENS, traduits de l'allemand de M. BŒTTIGER;

PAR F. J. BAST.

Avec des notes de l'auteur et du traducteur.

PARIS;

DE L'IMPRIMERIE DE DIDOT JEUNE,

Quai des Augustins, n.° 22.

An IX — 1801.

Extrait du Magasin Encyclopédique, pour lequel on s'abonne chez le C. *Fuchs*, libraire, rue des Mathurins, hôtel Cluny.

FRAGMENS

SUR

LE JARDINAGE

DES ANCIENS (1).

On a rarement fait une attention particulière au jardinage des anciens. Les ouvrages même qui traitent de cet art en général, n'offrent que quelques observations superficielles sur celui des Grecs et des Romains. On commence ordinairement par les fameuses terrasses des jardins de Babylone, que déja la Grèce plus éclairée mettoit au rang des extravagances orientales, et regardoit comme des objets d'une curiosité puérile (2). On passe ensuite aux *paradis* des satrapes de la Perse ; on s'arréte, avec un léger signe d'approbation, aux vergers du roi des Phæaciens, Alcinoüs ; on s'élance rapidement au

. (1) Ce morceau est tiré du *Nouveau Mercure allemand*, rédigé par M. Wieland, année 1800, p. 130-149 et p. 181-205. Il y est intitulé : Racemazionen *zur Gartenkunst der Alten.*

 (2) Plutarque *de fortuna vel virtute Alexandri,* orat. II, p. 75, t. IX. *ed. Hutten*, dit que le jeune Alexandre n'avoit adressé aux envoyés de la Perse aucune question puérile sur la fameuse vigne d'or et sur les *jardins suspendus* (περι της χρυσης αναδενδραδος η των κρεμαςων κηπων). On sait par les voyages modernes que c'est encore là aujourd'hui une des magnificences des princes de l'Asie. Une invention préférable étoit celle des plate-bandes portatives de melons, de l'empereur Tibère, connu comme grand amateur des jardins. Pline, XIX, 5, s. 25, dans son style ampoulé, les nomme également *hortos pensiles*. Conférez aussi Columelle, XI, 5, 53.

dessus des mers et des montagnes, et franchissant une série entière de siécles, on trouve les haies de buis et les jardins sans goût de *Pline le jeune*, dans ses campagnes de Toscane et du Laurentin (3). Peu d'antiquaires se sont donné la peine d'effleurer cette matière, même en passant (4). C'est ainsi que

(3) Par exemple, *Horace* WALPOLE *on modern Gardening works*, t. II, p. 520 et s., où HIRSCHFELD *Theorie der Gartenkunst*, t. I, p. 116; t. IV, p. 21.

(4) CHRIST a ajouté à sa description poétique de *Sœuislitz*, un *excursus* sur le jardinage des anciens; *Villat.* VII, p. 95-101. Mais il n'y est question que du luxe et de la magnificence des Romains, et cet antiquaire avoit encore lui-même le goût des haies de buis, alignées et taillées aux ciseaux. Quelques détails de plus sont offerts par DAINES BARRINGTON, dans une dissertation *on the progress of gardening*, qui se trouve dans l'*Archæologia Britanica*, t. VII, n. 12, p. 112 et ss. Cependant ce ne sont que des fragmens pris çà et là dans les auteurs romains. On cite ordinairement, à cette occasion, l'ouvrage de GREEN *de rusticatione et villis veterum. Lips.* 1667, dont le second livre offre quelques notices stériles sur les jardins et les maisons de campagne, *villæ*, des Romains. Nous devons, aux antiquaires italiens, *Volpi* et *Zuggari*, deux dissertations bien faites sur les *villæ*; celles de *Felibien* et de *Castel*, sur le même sujet, sont très-médiocres. Le meilleur ouvrage est peut-être la dissertation de VOLPI, sur le *Tiburtinum de Manlius Vopiscus* (*Saggi di Cortona*, t. II, p. 165), où l'on trouve en outre quelques données curieuses sur le jardinage de son temps. *Blankenbourg*, dont on connoît l'extrême érudition, n'a rien trouvé d'assez remarquable pour être cité dans ses additions sur *Sulzer*, t. II, p. 237. [Le même journal où M. BOETTIGER a inséré cette dissertation, offre encore un morceau assez curieux, intitulé : *Comparaison du jardinage des anciens Romains avec les systèmes modernes de cet art*, par L. DE BONSTETTEN. Voy. *N. Deutsch. Mercur.* 1800, vol. I, p. 116-150. Je ne connois, dans la littérature française, aucun ouvrage qui traite du jardinage des anciens. AUDIT. DU TRADUCTEUR].

dans les ouvrages modernes sur le jardinage, qui ont augmenté au point de former de nombreuses bibliothèques, s'est propagé presque généralement le préjugé, que les anciens n'avoient été que des écoliers dans l'art de cultiver les jardins, et que, malgré leur mérite dans l'architecture et dans les autres arts d'ornement, ils ne pourroient nullement être nos maîtres dans la manière de planter et d'orner les jardins.

J'avouerai que j'ai quelquefois élevé des doutes sur cette idée. Les anciens dont on connoît le goût, me disois-je à moi-même, auroient-ils été en cela seul insensibles aux impressions des beautés de la nature anoblie par l'art, et non défigurée par un goût bizarre ? Tout ce que nous inférons des ouvrages romains, du temps des empereurs, contre leur goût en fait de jardins, ne devroit-il pas être rangé parmi les marques de dépravation d'un âge qui trouvoit son plus grand plaisir dans tout ce qui étoit contraire à la nature ? Je desirois donc souvent, avec le savant et spirituel évêque d'Avranches, HUET (5), que VIRGILE, en ne disant qu'un mot du vieux jardinier qu'il avoit vu à Tarente, n'eût pas omis, dans ses Géorgiques (6), précisément

(5) *Huetiana*, ou *Pensées diverses de M.* DE HUET. *Amsterdam*, 1723, ch. 71, p. 170. On doit remarquer que ce Polyhistor, rempli de goût, et nourri de la lecture des anciens, s'est vivement déclaré, même avant *Addison*, contre le goût maniéré de *Le Nostre*. Voyez non-seulement le passage cité, mais encore un autre du même livre, ch. 51, p. 120 et s.

(6) IV, 116-148. PLINE donne pour raison de cette omission, que *Virgile* a regardé la matière comme trop légère. Il dit au commen-

la plus belle partie de l'agriculture, le jardinage. Certes, alors RAPIN et VANIER n'auroient pas mis au jour leurs poésies, et peut-être la plupart des jardins merveilleux d'Angleterre et de France, que MASON et DELILLE ont célébrés, auroient-ils trouvé leurs modèles dans les poésies de *Virgile*, dont la muse nous eût conduit dans les *nymphaea* et les jardins délicieux de l'antiquité.

Je me propose de donner quelques observations sur les vestiges du jardinage, qui se trouvent dans les auteurs grecs et romains. Elles fixeront peut-être l'attention d'un connoisseur plus exercé sur cette partie des arts entièrement négligée, et pourront donner occasion à un ouvrage perfectionné sur le jardinage de l'antiquité. Examinons maintenant ce que la tradition d'Homère nous transmet sur celui des temps héroïques.

I.

Jardin d'Alcinoüs.

Il y a peut-être plus d'analogie qu'on ne le croiroit au premier coup-d'œil, entre les jardins des Hespérides et celui du palais du roi des Phæaciens. Je trouve très-probable que le fondement de la

cement du 14.⁰ livre : « *Nec deterrebit quarumdam rerum humi-* *a litas .... quamquam videmus Virgilium præcellentissimum.* « *vatem, eâ de causâ hortorum dotes fugisse.* » On a remarqué que cette observation est dénuée de fondement, parce que *Virgile* auroit, sans doute, trouvé le moyen de relever ce sujet et de l'embellir. NOTE DU TRADUCT.

fiction homérique soit une tradition sur les vergers de l'Hespérie ou des Hyperboréens occidentaux, apportée par des navigateurs phœniciens, et qu'Homère les a seulement transplantés dans sa Schérie fortunée (7). C'est aussi par-là qu'on peut expliquer naturellement l'idée fabuleuse en apparence de la réunion des fleurs et des fruits dans la même saison et dans le même jardin ; ce que l'on a toujours mis au rang des fables les plus merveilleuses, et placé dans la même catégorie que les jardins de roses de Midas (8). Mais il s'agit ici moins d'expliquer

(7) Je ne rappelle ici que la danse des Océanitides Ὠκεανῦ πατρὸς ἐν κήποις dans Aristophane, Nuées, v. 240, et le παλαιὸν κῆπον Φοίβου près de la source de la nuit, sur les bords de la mer, dans un fragment de Sophocle. Voyez Strabon, VII, p. 452. C.

(8) Comme Juvénal, V, 151, et Pline, XIX, 19, s. 1, mettent l'automne éternel du jardin d'Alcinoüs en parallèle avec celui des jardins des Hespérides [On peut ajouter Libanius, épître 1126, τῦ Ἀλκινόυ (κήπου) καὶ τῦ χρυσᾶ μῆλα φέροντος, ἐφ᾽ ᾧ ἐλθεῖν Ἡρακλέα λόγ☺. Addit. du trad.]; ainsi Tertullien, si riche en images, joint *Alcinoi pometum et Midæ rosetum, de pallio*, c. 2, ed. *Panel*. Les monts Pangées, entre la Thrace et la Macédoine, produisoient des roses d'une beauté supérieure, de véritables *centifolia*. Théophraste, *Hist. des plantes*, VI, 6, p. 645, ed. *Stapel*. On plaçoit dans les mêmes endroits les jardins de Midas, avant qu'il allât habiter la Phrygie. Ce fut aussi dans ces jardins que fut pris le vieux Silène, comme le rapporte Hérodote, VIII, 158. Les poëtes, en décrivant ces scènes, dont nous n'avons qu'une foible imitation dans les poëmes bucoliques de Virgile, embellissoient le beau parc de Midas de toutes les couleurs de la poésie. C'est ainsi que les *centenariæ rosæ ex hortis Midæ lectæ*, comme Tertullien les appelle dans un autre passage, *de corona milit.*, c. 14, p. 186, ed. *Panel*, devenoient, pour les poëtes grecs, ce qu'étoient, pour les poëtes

cette fable entière, que de remarquer les conséquences que l'on peut tirer de la description du
jardin d'Alcinoüs pour la culture des jardins, telle
qu'on l'exerçoit chez les Grecs, à l'époque la plus
ancienne.

Voici cette description, comme la donne HOMÈRE,
Odyssée VII, 112 — 132 (9) :

« Hors de la cour, non loin des portes, est un
« grand jardin ; quatre arpens fermés par une en-
« ceinte, en composent l'étendue. Là croissent des
« arbres élevés et verdoyants, le poirier, le grena-
« dier, le pommier dont les fruits sont colorés de
« rouge, le doux figuier, l'olivier toujours vert.
« Les fruits de ces arbres ne cessent pas de toute
« l'année ; ils ne manquent ni l'été, ni l'hiver.
« L'haleine constante du Zéphyre fait naître les
« uns, tandis qu'elle mûrit les autres. La poire
« vieillit à côté de la poire naissante, la pomme
« à côté de la pomme, le raisin à côté du raisin,
« la figue à côté de la figue. Là croissent aussi des
« vignes fécondes. Les unes s'étendent dans un lieu

romains les *bifera rosaria Paesti*. Le fondement de semblables
fictions est toujours quelque réalité remarquable du local. PINDARE
nomme, dans ses Pythiques V, 52, et IX, 91, les environs de Cy-
rène, *le jardin de Vénus et de Jupiter*. Ce n'est pas seulement
dans le langage poétique, comme le disent ordinairement les Interprètes ; mais cela est fondé sur l'observation indiquée par THÉOPHRASTE,
Hist. des plantes, VI, 6, p. 645, ἰνοσμέίατά τὰ ἐν Κυρήνῃ.

(9) Les traductions d'Homère, en vers et en prose, ne m'ayant pas
satisfait, à cause de leur peu d'exactitude, j'ai tenté moi-même une
traduction de ce passage, dans laquelle j'ai tâché de rendre, avec
fidélité, les idées de l'original. NOTE DU TRADUCT.

« uni et découvert, et sèchent aux feux du soleil ;
» tandis qu'on vendange les autres, et que d'autres
« encore sont foulées. Plus loin, de jeunes grappes
« épanouissent leurs fleurs ; d'autres commencent
« déja à noircir. Dans le rang inférieur, se voient
« des plate-bandes, ornées de plantes de toutes les
« espèces et toujours en fleur. Deux fontaines em-
« bellissent ce lieu. L'une promène ses eaux par
« tout le jardin ; la seconde coule, d'un autre côté,
« sous le seuil de la cour, vers le palais élevé. C'est
« dans celle-là que viennent puiser les habitans.
« Tels étoient les dons splendides prodigués par
« les Dieux à la demeure d'Alcinoüs. »

J'ajouterai quelques observations générales qui se présentent d'elles-mêmes après l'examen de cette description. HOMÈRE dit d'abord : « *Hors de la* « *cour, non loin des portes, est un grand jardin ;* « *quatre arpens fermés par une enceinte, en compo-* « *sent l'étendue.* » Le jardin tient ici lieu des plantations de vignes et d'oliviers, qui se trouvoient ordinairement auprès des maisons rurales (10). Il

---

(10) Le terme général pour cela est ἀλωή. Ce mot comprenoit, dans son sens étendu (Voyez les Schólies sur THÉOCRITE, I, 46), chaque plantation de rangs de vignobles, d'oliviers ou de plantes jardinières, où l'air peut entrer librement. Les Latins firent du mot grec χόρτος, *cour, enclos* (V. *Dan.* HEINS. *Lect. Theocrit.* XIX, p. 563), leur *hortus* (V. SAUMAISE *sur Solin*, p. 219. 220), et désignoient, par cette expression, leurs petites fermes. C'est ce qu'assure PLINE, XIX, s. 19, 1. Dans COLUMELLE, V, 18 et V, 9, selon la juste leçon de SCHNEIDER (V. les notes, t. II, p. 271 s.), *horti* et *hortuli* signifient les rangs où l'on plaçoit les plantes dans les jardins de vignes et d'oliviers.

suffit de comparer la description entièrement semblable des plantations d'arbres du vieux Laërtes
(*Odyss.* XXIV, 221 — 251), où l'on retrouve
jusqu'aux mêmes expressions. La seule différence
remarquable est que le jardin d'Alcinoüs, situé
dans une ville et servant d'ornement au palais,
étoit entouré d'un mur au lieu d'une haie vive (11),
et qu'il avoit la faculté merveilleuse d'offrir une
récolte perpétuelle de fruits.

Le caractère principal de ce jardin est la symmétrie
et la régularité des rangs, dans lesquels on voyoit
tous les arbres et toutes les plantes qui y croissoient.
Car quoique cela ne soit pas dit expressément, on
peut le présumer, d'après la dénomination que lui
donne *Homère* au commencement de la description (12), et d'après ce qu'il ajoute vers la fin,
que, dans le rang inférieur, il y avoit des plate-
bandes de choux et de plantes jardinières. Cependant, on ne pourroit pas encore se faire une idée

(11) Homère se sert du mot ἕρκος. Voss le traduit par *muraille*;
Bitaubé, par *haie vive*. J'observerai que ἕρκος n'est proprement ni
une muraille, ni une haie vive, mais une *enceinte* en général. L'empereur Julien, décrivant dans sa vingt-septième lettre, un jardin qui n'est
ni magnifique, ni fertile, le nomme τὸ μὲν Ἀλκινόου καταδεέστερον,
παραπλήσιον δὲ τῷ Λαέρτου, *moins riche que celui d'Alcinoüs,
mais semblable à celui de Laërtes.* Note du traduct.

(12) Ὄρχατος vient de ὄρχος, *allée*, rang, par lequel on peut
passer, et par conséquent de ἔρχεσθαι. Les autres dérivations, dans
Apollonius *Lexic. Homer.* s. v. p. 614, dans les Scholies sur
Théocrite, 1, 48, et dans Eustathe, p. 1572, 11, ont toutes quelque chose de forcé.

tout-à-fait juste de ce jardin, si on ne supposoit
que tout le carré, entouré d'une muraille, descen-
doit du penchant d'une colline fertile jusque dans
une plaine, et qu'ainsi il avoit un double terrain,
l'un sur la pente de la colline, l'autre dans la plaine
qu'arrosoient les fontaines (13). Cela supposé, on
pourroit se représenter le tout, divisé en deux parties principales. Sur le devant ou, comme nous
dirions, à l'entrée, on voit, dans la largeur du
jardin, des plate-bandes disposées pour les plantes
jardinières. Voici la première partie, le potager.
Au dessus commencent les plantations d'arbres et
de vignobles, de manière cependant que cette moitié
est encore partagée en deux autres, par une allée
qui va depuis la porte du mur inférieur, jusqu'au
mur opposé qui se trouve en haut du jardin. L'une
de ces moitiés comprend les oliviers et tous les
arbres fruitiers ; l'autre, les plantations de vignes,
qui s'élevoient, pour ainsi dire, en forme de terrasses.

On voit qu'on a su heureusement profiter du
terrain. Ne pourroit-on pas trouver là la véritable

(13) On étaloit les raisins coupés pendant dix jours sur la terre : on
les laissoit exposés le jour au soleil, et la nuit à la rosée. Hésiode,
Œuvres et Jours, v. 611. Goguet, Orig. des lois, t. II, p. 189.
On avoit besoin, pour cela, d'un lieu découvert, θειλόπεδον ou
θυλλόπεδον. Voy. ad Hesych. t. I, c. 1687, 1. Les scholies le nomment ψυκτήρ, par la raison que les raisins qui séchoient au soleil,
y étoient rafraîchis pendant la nuit. Homère dit que cet endroit se
trouve λευρῷ ἐνὶ χώρῳ, dans un sol uni. Il faut donc nécessairement supposer que le reste ne l'étoit pas, mais que c'étoit une colline.

explication de l'énigme de la réunion des fleurs et des fruits mûrs dans le même jardin ? Il est constant que la situation du sol plus ou moins en pente, exposé au soleil ou à l'ombre, contribue beaucoup à mûrir plus tôt ou plus tard les mêmes fruits, surtout quand on a des espèces précoces et tardives, et qu'on les expose dans des endroits plus ou moins élevés, selon ce qui leur convient particulièrement. On place les espèces précoces dans les parties élevées, pour les offrir aux rayons du soleil, qui dardent plus fortement sur la colline ; et on plante les espèces tardives dans le bas et à l'ombre. Une pareille distribution des différentes espèces pouvoit aisément opérer, dans ces climats, le phénomène de fruits déja mûrs sur la hauteur, tandis qu'au pied de la colline, les arbres étoient encore en fleur. Cela devoit nécessairement exciter l'étonnement de gens peu instruits dans cette partie. On peut ajouter à cela que les anciens connoissoient aussi des espèces de pommes, de poires et de figues, que l'on recueilloit deux fois par an *(biferae)* (14) ;

(14) Des pommiers qui rapportent deux fois, μηλίαι τῶν διφόρων, se trouvent dans THÉOPHRASTE, Hist. des plantes, I, 23, p. 67, selon la correction indubitable de *Scaliger.* D'après un auteur de Samos, cité par EUSTATHE, p. 1573, 21, il y avoit dans cette île des figuiers, des pommiers et des vignes qui produisoient deux fois. VARRON *de re rust.*, p. 148, éd. *Schneider : Multa sunt bifera, ut vites apud Matroum* (c'est ainsi qu'il faut lire, suivant PLINE, voy. *Hardouin*, t. II, p. 44) *Smyrnae, malus bifera ut in agro Consentino.* La *ficus bifera* est très-connue. Voy. les passages que cite WERNSDORF *ad poët. minor.*, t. VI, P. I. p. 125. Le plus remarquable est celui de PLINE, XVI, 27, 5. 50 : *Biferae et in*

et comme la plantation d'Alcinoüs, favorisée par
le climat, pouvoit avoir plusieurs de ces arbres,
on conçoit facilement comment la tradition antique
qui change en prodige tout ce qui s'écarte des effets
ordinaires ou qui est nouvellement inventé (15),
plaçoit au rang des merveilles, une manière de
cultiver les arbres, qui, dans ce temps, étoit sûre-
ment nouvelle et incompréhensible (16). On conçoit facilement comment l'auteur de l'Odyssée,

*malis ac piris quædam; — malus sylvestris bifera, — vites
quidem et triferæ sunt quas ob id insanas vocant, quoniam in
iis alia maturescunt, alia turgescunt, alia florent.* Qui ne voit
pas ici l'imitation des raisins du jardin d'Alcinoüs? Il ajoute encore
hoc autem evenit perpetuo in Tacopensi Africæ agro. Voy. aussi
XVIII, s. 51. Il devient donc facile de concevoir comment une
tradition, sur la fécondité des vignobles dans l'Hespérie, a servi de
fondement à la fiction Homérique.

(15) Pour donner encore un exemple des prodiges qui s'opéroient
chez les Phæaciens, je cite la fable singulière de leurs vaisseaux rai-
sonnables (*Odyss.* VIII, 556 ss.) qui n'avoient pas besoin de pilote,
et qui, même enveloppés du brouillard, continuoient cependant leur
route, et étoient sûrs de leur direction. J'explique cette fable par
l'adresse, alors peu générale, de louvoyer ou de faire usage du vent
contraire (voy. BERGHAUS *Geschichte der Schiffarth*, t. II, p. 579.),
et par l'habileté de tenir la mer, même pendant la nuit (*νυκτιπλοία*).

(16) Il paroît que M. BOETTIGER n'a pas connu les *Noctes solitariæ*,
par *Jean-Baptiste* PERSONA, Venet. 1613, 4. Ce savant médecin,
en profitant des remarques sur l'île de Corfou, faites par des voyageurs modernes, s'efforce d'expliquer les prodiges du jardin d'Alcinoüs. Il a cru trouver encore d'autres raisons de la perpétuité des fruits
et des raisins de ce jardin. Voyez le colloque 28, intitulé : « *Quænam
« sit Phæacum insula, et poteritne Alcinous rex arte ulla pa-
« rare sibi hortum, qui perpetuo fructus ederet, an autem id
« sit penitus fabulosum?* P. 187-190. NOTE DU TRADUCTEUR.

pour embellir son poème, y a employé la tradition
merveilleuse de l'Hespérie, que d'ailleurs des écri-
vains d'un temps postérieur ont amplifiée par une
addition peu convenable (17).

Mais, demandera-t-on, comment combiner l'idée
d'une plantation exposée aux rayons fécondans du
soleil, avec l'assertion expresse d'Homère, que Zéphyre étoit l'unique auteur de cette fructification
abondante ? Il dit :

« *Les fruits de ces arbres ne cessent pas de toute*
« *l'année ; ils ne manquent ni l'été, ni l'hiver. L'ha-*

(17) Dans le vers 120 :

Αὐτὰρ ἐπὶ σταφυλῇ σταφυλὴ, σῦκον δ' ἐπὶ σύκῳ

Le raisin à côté du raisin, la figue à côté de la figue, il n'y a
probablement d'authentique que la seconde moitié. *Ælien, Diogène
de Laërte* et *Philoponus*, dans la vie d'Aristote, racontent l'appli-
cation spirituelle que ce philosophe, quittant Athènes, faisait des
derniers mots de ce vers aux sycophantes-athéniens. Voyez MÉNAGE
sur Diogène V, 9 et ALBERTI *sur Hésychius* T. II, c. 850, 22.
Tous les trois citent ainsi le vers entier :

Ὄγχνη ἐπ' ὄγχνῃ γηράσκει, σῦκον δ' ἐπὶ σύκῳ.

Je suis sûr que les pommes et les raisins sont une addition postérieure,
que cependant DIODORE DE SICILE, II, 56, p. 169, connoissoit déja,
si toutefois on peut tirer des conséquences certaines de pareilles cita-
tions. Mais la raison principale, pour laquelle je déclare fausse la première moitié du vers 120, et par conséquent la seconde du vers pré-
cédent, se trouve clairement dans l'ensemble du récit. Ce n'est qu'au
vers 123, que le poète commence la description du jardin des vignobles.
Avant ce vers, il n'a été nullement question de raisins, et cependant
on lui fait dire *que l'un vieillit à côté de l'autre*. Comment a-t-on
toléré jusqu'à présent cette absurdité dans toutes les éditions d'Homère ?

« leine constante du Zéphyre fait naître les uns,
« tandis qu'elle mûrit les autres. »

On a même inféré de là que le jardin d'Alcinoüs
ne recevoit que le soleil couchant, parce que ce n'est
qu'ainsi qu'il auroit pû être entièrement exposé au
Zéphyre. Ce ne seroit pas là, sans doute, une grande
preuve que ce jardin auroit été dans un emplacement
avantageux ; et cela pourroit diminuer la haute opinion qu'on auroit peut-être du jardinier d'Alcinoüs.
Mais je suis sûr qu'Homère ne vouloit pas donner
cette idée. Les traditions des navigateurs phœniciens
avoient répandu parmi les Grecs une quantité d'histoires merveilleuses sur la fécondité incroyable de
toutes les côtes et de toutes les îles des extrémités
de l'Occident ou de l'Hespérie. Rien n'étoit donc
plus naturel que d'attribuer au Zéphyre qui y règne,
c'est - à - dire, au doux Zéphyre de l'Occident, et
non pas à celui de la Thrace, qui apporte la neige,
la faculté de fertiliser, qui répand son charme vi-
vifiant sur tous les objets de la nature. C'est de là
que vient l'idée des champs *Élyséens* dans les îles fortunées : « Les douces haleines du Zéphyre qu'envoie
« l'Océan, y apportent éternellement, avec un léger
« murmure, une délicieuse fraîcheur (18). » De là
les cavalles de la Lusitanie, fécondées par le Zéphyre (19) ; de là l'époux de la belle Chloris ou de

(18) *Odyssée* IV, 565. Horace, *épodes* XVI, 43. Voy. Vos-
borth *spicileg. observat. de campo Elysaeo*, p. 16.

(19) Justin XLIV, 5, donne déjà un léger indice sur la véritable
explication de cette fable : « *Fabulœ ex fœcunditate equarum
ortæ sunt.* » Voy. les passages des anciens dans les notes de la

Flore (20) ; de là vient encore la croyance des mois-
sonneurs, qu'il faut tourner les tuyaux de la gerbe
du côté d'où vient le Zéphyre, pour faire grossir
le grain des épis (21). L'idée de l'haleine du Zéphyre sert donc seulement à désigner en général
la prospérité extraordinaire des fruits, dans le pays
des Phæaciens. C'est aussi là le sens du satyrique
LUCIEN qui, en décrivant, dans ses histoires véritables (22), ses aventures aux Champs Élyséens,
parodie les prodiges du jardin d'Alcinoüs, par l'hy-
perbole suivante : « Ils ne connoissent qu'une seule
« saison ; le printemps règne toujours chez eux, et
« le Zéphyre est le seul vent qui y souffle. La cam-
« pagne est émaillée de fleurs de toute espèce et

CÉRDA sur les *Géorgiques de Virgile* III, 275, et HARDOUIN sur
Pline VIII, 42, §. 67. Conférez aussi SCHNEIDER sur *Varron de R.
R.* II, 509.

(20) Le mariage de Chloris avec Zéphyre est connu par les fastes
d'Ovide. De là viennent les belles fictions de CLAUDIEN, sur la créa-
tion des fleurs du jardin de Vénus, dans l'île de Cypre X, 66, et de
celui des fleurs à Henna XXV, 73-94. C'est pour cela qu'on voit
aussi Zéphyre à la suite de Vénus, dans le beau morceau de LUCRÈCE,
V, 736, et qu'il est représenté avec un vêtement bouffant et rempli
de fleurs, sur un bas relief de la tour octogone d'*Andronicus Cyr-
rhestes*, à Athènes. Voy. STUART *antiquities of Athens*, t. I, c. III,
pl. XVIII. Toutes ces idées, qu'ordinairement on ne rapporte qu'au
vent du printemps, doivent plutôt leur naissance aux anciennes traditions sur les pays fortunés de l'Occident, qui sont sous l'influence du
Zéphyre.

(21) Voyez *ad* THÉOCRIT. X, 47. Par un mal-entendu, on adoptoit
encore cet usage, en entassant les grains dans les greniers. Voy. NI-
CLAS *ad Géopon.* II, 26, p. 164.

(22) L. II, 12-15, t. IV, p. 275, édit. de Deux Ponts.

« couverte d'arbres cultivés (23) et propres à donner
« de l'ombre. Les vignes rapportent douze fois par
« an, une fois chaque mois. On dit même que les
« grenadiers, les pommiers et tous les arbres frui-
« tiers produisent treize fois, et offrent une double
« récolte pendant le mois qui prend son nom de
« celui de Minos. Au lieu de froment, des pains
« tout prêts à manger poussent, comme des cham-
« pignons, à l'extrémité des épis (24). Il y a autour
« de la ville 365 sources d'eau. »

Je laisse aux naturalistes le soin de fixer les espèces de poires (25) et de pommes qu'Homère place

(23) Le traducteur des OEuvres de *Lucien*, BÉLIN DE BALLU, ne
rend par l'idée de l'original, en écrivant, t. II, p. 468: « *La cam-*
« *pagne.... est ombragée de bois touffus et* DÉLICIEUX. » Ἥμερος
ne signifie pas *délicieux*, il est opposé à ἄγριΘ, *sauvage, wild*,
et veut dire *cultivé, zahm*. En latin, on oppose *agrestis* à *na-*
tivus. Mansuétus, dont se sert le traducteur latin, et *cicur* qu'em-
ploye celui de PHILOSTRATE, *Her.* p. 665, ne sont ni l'un, ni l'autre
le mot propre. Voy. VILLOISON *ad Long.*, p. 234. NOTE DU TRAD.

(24) Tel est le sens précis de *Lucien*. BÉLIN DE BALLU fait un
contre-sens formel, en traduisant : « Au lieu de froment, les épis portent
« des pains qui ont la forme des champignons. » NOTE DU TRAD.

(25) Ὄγχη ou ὄχη (car même l'orthographe en est douteuse,
v. NICLAS *ad Geopon.*, p. 803.), étoit une poire améliorée par la
culture. Comme les glosses de *Cyrillus* et d'autres dictionnaires expliquent ce mot par ἀχράμηλον (Voy. *ad Hesych.*, t. II, c. 850,
20, et DUCANGE, s. v.), il faut supposer que les anciens, entendoient par ὄχη *la poire de Crustumium*, dont VIRGILE fait l'é-
loge, *Géorg.* II, 88, et qu'il ne sera pas très-difficile aujourd'hui de
déterminer. THÉOPHRASTE, *Hist. des plantes*, II, 7, p. 85, distingue
ὄχνας et ἀπίους. *Boden de Stapel* prend les premières pour les
poires sauvages, améliorées par la culture, et les secondes pour une

dans le verger d'Alcinoüs. Je leur laisse également celui de déterminer si PLUTARQUE, dans ses Symposiaques, a donné la véritable explication de l'épithète qu'Homère attribue préférablement au pommier (26). Les derniers vers de la description ont le plus de rapport au jardinage d'ornement :

« *Dans le rang inférieur, se voient des plate-bandes*
« *ornées de plantes de toutes les espèces et toujours*
« *en fleur. Deux fontaines embellissent ce lieu. L'une*
« *promène ses eaux par tout le jardin*, etc. »

Le mot grec qui désigne les plate-bandes, se dit *proprement* d'une plantation de porreaux. Mais comme ce légume étoit celui qu'on employoit le plus ordinairement pour les *moreta* de l'antiquité la plus reculée, et qu'il repoussoit à mesure qu'on le coupoit, le nom qu'on donnoit à toutes les plate-bandes du potager, étoit le même que celui des plate-bandes de porreaux (27). Pour servir d'ornement ;

autre espèce de bonne poire. Cependant ἄπιοι ne sont proprement que des poires du pays des *Apiens*, du Péloponnèse. Voy. PÉRIZONIUS *sur* Ælien III, 59. Car c'est surtout là que croît la poire sauvage au milieu des ronces et des épines, ἀχράς. V. BECKMANN *ad Aristot. Mirab.* p. 322. (2.)

(26) Ἀγλαόκαρποι, mot que Voss traduit avec raison par *roth-gesprenkelt*. Mais je ne suis pas sûr s'il ne faut pas entendre ici des coings, *mala cydonia*, comme presque partout où il est question de μῆλα. Voyez cependant PLUTARQUE *Symposiaques* V, 8, p. 255, t. XI, *éd. Hutten*, et *Boden de Stapel* sur plusieurs endroits de THÉOPHRASTE, surtout p. 307.

(27) Πράσον, *porrum*, *porreau*, avoit deux espèces principales, κεφαλωτόν, *capitatum* et καπτόν, *sectile*. MARTIAL dit par cette raison — *utrumque porrum* III, 47. Conf. aussi XIII, 18-19. Ces

elles furent par la suite entourées de fleurs et
d'herbes odoriférantes. Les expressions de l'original
n'indiquent point au juste si cela existoit déja dans
le jardin d'Alcinoüs. Il est vrai que Voss parle de
plate-bandes parfumées et entourées de fleurs (*stets
von Blumen umduftet*); mais les mots grecs (28)

porreaux, *le commun et la ciboule*, faisaient la nourriture jour-
nalière des anciens, et leur tenoient lieu de salade. Voy. le passage
classique de Pline XIX, 6, s. 33, et d'autres de différens auteurs,
recueillis par Saumaise *sur Solin*, p. 703, 704, et augmentés encore dans les notes de Stapel *sur Théophraste*, p. 787, s. Virgile dit d'un jardinier : *Secti famem domat area porri*, in *Moreto*
V, 85. On en préparoit aussi une excellente salade. Voy. Listée *sur
Apicius* IV, 3, p. 155. Comme ils recroissent après avoir été coupés, ils étoient, pour cela même, le légume le moins cher. On
avoit des ciseaux exprès pour le porreau, πρασόκυρον, πρασόρρυγη.
Voy. Hésych. s. v. L'auteur de la *Batrachomyomachie*, faisant l'énu-
mération de toutes les plantes qui croissent auprès de l'eau, V, 53,
54, n'a certainement pas oublié le porreau. C'est pour cela que M.
Ilgen auroit dû suivre le conseil de Maittaire, et recevoir dans le
texte au lieu de ε τεύτλοις la leçon des meilleurs manuscrits ε
πράσοις. On donna par la suite aux plate-bandes de tous les légumes
le nom de celles du légume principal, πρασιαί, lorsqu'elles étoient
divisées en petits carrés, comme il falloit le faire pour le porreau.
Telle est l'explication d'Hesychius : αι εν τοις κήποις τετράγωνοι
λαχανιαί. Voy. Eustathe et les *scholies* sur le passage d'Homère,
et Bernard *ad Synes. de febribus*, p. 60.

(28) Ἐπηέτανον γανόωσαι. J'aimerois mieux expliquer ces mots par
la couleur vert-foncée, dont tire aussi son nom la prime d'émeraude;
M. Beckmann croyant avec raison (*ad Marbod. de gemmis*, p. 69),
que les anciens entendoient par là le jaspe vert. Γάνος et les mots
qui en sont dérivés, désignent en général l'éclat; c'est pourquoi
γάνωμα se disoit aussi de l'étamure luisante du cuivre. Le passage
d'Homère a probablement donné lieu à l'expression χρήσαιον γάνος,

n'expriment que l'idée d'une végétation abondante et d'une belle verdure.

Les *sources* font une partie essentielle du jardin arrosé d'eau *(irriguus)*. Elles ne manquent jamais, quand un auteur ancien décrit quelque jardin d'agrément, ou renfermant des plantes utiles. C'est au reste d'après le modèle du jardin dont nous venons d'analyser la description, qu'il faut juger tous les jardins ordinaires que les Grecs avoient près de leurs fermes et dans leurs campagnes (29).

Il paroît en général que cette distribution du verger et du potager auprès du palais d'Alcinoüs a été, pour ainsi dire, le type ou le modèle constant pour toutes les plantations de ce genre. Telle est la raison pour laquelle les Corcyréens, descendans des Phæaciens, l'ont fait mettre sur leurs médailles,

---

dont se servent Æschyle , *Pers.* 482, et son imitateur Lycophron , v. 247. J'aimerois mieux l'entendre des fraîches prairies qui entourent la source, que de l'eau de la source elle-même. D'après la juste correction de Saumaise (*ad scriptor. Hist. Aug.* t. I , p. 156) , γάντα se disoient des jardins de plaisance. Les Latins ont fait de ce mot leur *ganeum , ganeo*.

(29) Chaque Athénien avoit , près de sa maison de campagne, au moins quelques figuiers, quelques haies de myrtes et quelques parterres de roses et de violettes, ροδωνιαί , ιωνιαί , etc. (v. Pollux I , 229, avec les notes, Aristophane *Acharn.* 575, s. 994, a.). Il faut y ajouter les plantes potagères, comme nous les connoissons par le XII.e livre des *Géoponiques* , et par les descriptions des jardins, qui se trouvent dans les poëtes, recueillis par Wernsdorf, (*poët. min.*, t. VI, P. I). Il falloit pour cela toujours beaucoup d'eau dans le voisinage. Car, il n'est pas croyable que l'invention ingénieuse des jardins d'été et d'hiver, citée dans les Géoponiques XII, 5, p. 854, ait été généralement répandue.

et sur celles de leurs villes coloniales, Dyrrhachium
et Apollonie. On trouve encore un nombre très-
considérable de médailles de ces villes (30), qui
ont sur le revers un carré représentant trop dis-
tinctement l'enclos d'un jardin divisé en compartimens, pour qu'on puisse croire, avec BARTHÉ-
LEMY (31), que ce soit un reste des anciens types
numismatiques non perfectionnés. Mais il faut remarquer que ces représentations diffèrent, même
entre elles. Dans la plus ordinaire, surtout dans
celle des médailles de Dyrrhachium, on voit, au
milieu du cadre extérieur d'un carré régulier, une
ligne qui le divise en deux parties oblongues et
égales, dans lesquelles on aperçoit encore plusieurs
petites divisions d'une forme longue et ovale (32).

(30) Surtout de Dyrrhachium. BEGER (*Thesaur. Brandenb.*, t. I,
p. 455-463) en a donné une collection très-complète. Ce fut lui qui
vit le premier dans ces enclos et dans ces compartimens sur les médailles,
une représentation du jardin d'Alcinoüs; ensuite SPANHEIM *de præst. et*
us. numism., et d'autres auteurs ont adopté la même opinion.

(31) *Mémoires de l'Acad. des Inscript.*, t. XXIV, p. 30. [L'o-
pinion de BARTHÉLEMY est appuyée par M. NEUMANN, *num. vett.*
inedit. P. I, p. 112, ss. ADD. DU TRAD.]. Je suis sûr que ce qui a
donné lieu à cette idée, ce sont les aires, telles qu'on les voit encore
sur une médaille très-ancienne, dans PELLERIN, Recueil, t. III, pl.
XCVI, 1. Mais dans des temps postérieurs, les Corcyréens s'aperçu-
rent que ces aires pouvoient leur servir à figurer leurs jardins. Quand
on a lu les observations bien fondées d'ECKHEL, *num. anecdot.*, p. 106,
et *doctrin. numor.*, t. II, p. 178, s.; on ne peut plus douter que
ces médailles n'offrent des représentations de jardins.

(32) C'est ce qu'on voit sur toutes les médailles de Dyrrhachium,
que donne BEGER, et sur celles d'ECKHEL, *num. anecdot.*, tab.
VII, 12.

Deux médailles figurées dans PELLERIN (Recueil t. III, pl. 96, 2, 3), diffèrent de celle-ci. L'une partage le grand carré en quatre plus petits et réguliers, où l'on voit encore de plus petites plate-bandes. L'autre n'offre qu'une des moitiés oblongues du carré divisé simplement en deux. Au fond, ces divers compartimens prouvent assez clairement que même les habitans de Corcyre se représentoient le jardin qui embellissoit autrefois leur île fortunée, à peu près de la même manière dont j'ai cru devoir le diviser plus haut (33). La ligne principale qui traverse le milieu des médailles, indique selon moi l'allée principale qui divisoit le jardin en deux moitiés, depuis l'entrée du mur inférieur jusqu'à celui du sommet. L'une des moitiés étoit plantée de figuiers, d'oliviers et d'autres arbres fruitiers ; l'autre, de vignobles rangés dans un ordre symétrique. Lorsqu'on voit, sur quelques médailles, une seconde division traversant la première, elle exprime la partie inférieure de la plaine, où se trouvent les plate-bandes et les canaux. Il est naturel que l'allée principale divise également cette partie en deux moitiés (34).

(33) Tout bien considéré, EUSTATHE est du même avis, lorsqu'il dit vers la fin de son commentaire, sur ce passage, p. 1574, 52 : τὸν ῥηθέντα τετράγωνον κῆπον εἰς τρία διεῖλεν, εἰς δενδροφόρον, εἰς ἀμπελόφυλον — καὶ εἰς λαχανηφόρον.

(34) Je sais que SPANHEIM, ERNESTI, et même ECKHEL ne voient sur les médailles de Corcyre que des plate-bandes disposées pour le jardin des légumes. Mais cette erreur provient uniquement de ce qu'on n'avoit pas une idée assez exacte de la distribution régulière de l'ensemble du jardin. C'est avec le même droit que l'on pourroit avancer,

ADDITION DU TRADUCTEUR.

Le jardin d'Alcinoüs jouit, dans toute l'antiquité, d'une si grande célébrité, qu'il n'est presque pas de poète ancien, et surtout de poète latin, qui n'en fasse mention, en parlant de fruits ou de vergers. J'ajouterai ici plusieurs passages qui ne sont pas cités dans la dissertation de M. BŒTTIGER, et dont la réunion peut offrir quelque agrément.

OVIDE, *Amor*, I, 10, 55, 56 :

> *Carpite de plenis pendentes vitibus uvas :*
> *Præbeat Alcinoi poma benignus ager.*

PROPERCE, liv. III, 1, 51 :

> *Nec mea Phæacas æquant pomaria sylvas.*

MARTIAL X, 94 :

> Regius Alcinoi *nec mihi servit* ager,

et XII, 31, *de hortis Marcellae :*

> *Munera sunt dominæ : post septima lustra reverse*
> *Has Marcella domos parvaque regna dedit.*
> Si mihi Nausicaë patrios concederet hortos,
> Alcinoo possem dicere : *Malo meos.*

que le vase à mettre du vin, qu'on voit fréquemment sur ces médailles, se rapporte seulement au vin qu'Alcinoüs offrit à Ulysse lors de son arrivée et de son départ, et qu'il n'est pas relatif aux vignes d'Alcinoüs en général. Ces vignobles, pour le dire encore en passant, donnèrent par la suite aux Corcyréens occasion d'établir une fabrique d'amphores, qui, sous le nom Κερχυραϊκοὶ ἀμφορεῖς, sont indiqués dans ARISTOTE, *mirab.*, p. 225, *éd. Beckmann.*, comme une fabrication particulière du pays. JUVÉNAL, XV, 25, fait une allusion comique à ces vases de Corcyre.

Conférez aussi VII, 42. STACE, liv. I, sylv. 3:

> *Quid* bifera Alcinoi *laudem* pomaria, *vosque*
> *Qui numquam vacui prodistis, in æthera rami?*

Les sophistes et les épistolographes grecs des temps inférieurs, en décrivant des jardins, les comparent ordinairement à celui d'Alcinoüs, ou leur en donnent le nom qui est devenu une espèce de proverbe. Ils expriment ainsi la plus grande fertilité. Voyez, par exemple, NICEPHORUS BASILACAS, dans *Leonis Allatii excerpta var. Græc. Sophistar.* p. 212: Τὸν Ἀλκινόου κῆπον ἐκηπευσάμην αὐτός, καὶ ἦν μοι περὶ τῷ κήπῳ καὶ φυλὰ καὶ δένδρα καὶ ἄνθεα. Ce sont les paroles d'un jardinier. GRÉGOIRE DE NYSSE, dans la description d'un jardin de la Galatie, ép. 2, p. 23, *édit. Caracciol.* : Εἶτα περὶ τοὺς ἄλλους οἱ Φάλακοι κῆποι κ. τ. λ. Le manuscrit 997 du Vatican (35), qui est actuellement à la bibliothéque nationale, offre un morceau inédit d'un sophiste des derniers temps, où l'on trouve la description d'un jardin. L'auteur n'est pas nommé; mais il suffit de savoir que le sujet qu'il traite, est un jardin, pour ne pas douter qu'il ne le compare à celui d'Alcinoüs. Voici ce passage :

Πρότερον μὲν οὖν, ὦ φιλότης, πρὸς τὸν Ἀλκινόου κῆπον, τὸν κῆπον εἴκαζον· νυνὶ δὲ καὶ πλέον ἔχειν τί μοι φαίνεται. Χωρὶς

---

(35) Ce manuscrit est celui dont WERNSDORF a publié plusieurs morceaux d'*Himérius*, auparavant inconnus. Il renferme également une collection d'épigrammes grecques, parmi lesquelles j'en ai trouvé à peu près une douzaine d'inédites, inconnues même à M. HUSCHKE, et que je me propose de publier.

γὰρ τῦ γλάτίης αὐτονόμιν καὶ τέχνης ἐκεῖνον εἶναι πλάσμα, πρὸς τέρψιν μόνον πεποιημένον, ἀλλὰ καὶ ὅτας ὁ πᾶσαν ἡδονὴν, καὶ πολλὴν αὐθεντίαν ἐκείνην, ζωνδεὶς καὶ δεινὸς εἰπεῖν Ὅμηρος ἐπλᾶται τῶν ἡμετέρων. Τῶν μὲν γὰρ, καθ' αὐτὸν ἐκεῖνον, ὅπότε καρπὸν (l. καρπὸς) ἀπόλλυται, ἐδ' ἀπολήγει χείματος, ἐδὲ θέρευς, τῷ δὲ ἐδὲ χειμὼν τὴν ἀρχὴν, χωρὶς τῶν ἀπὸ τῦ θέρευς προσβάλλει καλεῖ· ἀλλ' ἐστὶν ὁρᾶν ἐνταῦθα μεθόριόν τι ὡρῶν, μᾶλλον δὲ, κρᾶμα ὡρῶν. Οὗ δὴ αὐτῷτι καὶ αἱ τύτων χάριτες συγκεράννυίαι, μακάρων ἄλλη (36), φίλταῖε, χῶρος ὁ χῶρος. Ἀλλὰ καὶ τύτων τῇ κράσει προστοιχὰς, τοῖς ἑτέροις πάλιν νικᾷ. Τὸν μὲν γὰρ ἡ ποίησις τρὶς φησι θάλλειν τῦ ἔτους, ὁ δὲ δι' ἔτους ἔχει τῦτο ποιεῖν τὰ μὲν γὰρ ἀνθεῖ, τὰ δὲ βλαστάνει, τὰ δ' ὑποπερκάζει (37), τὰ δὲ πεπαίνίαι, τὰ δὲ πίνίαι (f. πέονίαι). Ἀλλ' ὁ μὲν ὕτας ἀνθεῖ καὶ ἀνθοίη γε, μέχρις ἂν ὧραί τε ὦσι καὶ ὡρῶν καρποί τε καὶ ςέφανοι, κ. τ. λ.

« Autrefois, mon ami, je comparois mon jardin

(36) Le mot ἄλλη est corrompu ; cependant il me semble que le sens n'en souffre pas. L'auteur parle probablement des Champs Elyséens, séjour des ombres fortunées. Le morceau inédit dont j'ai publié un passage dans le *Magasin Encyclopédique*, année VI, t. VI, p. 200, note 15, offre une description des Champs Elyséens, à peu près semblable. Il y est dit : « Οὐδὲ χειμὼν ἔπεισι τῷ χόρῳ, ἢ « ἀλλοίωσίς τις τῦ φαινομένου καταστήματος· ἀλλ' ἄφθαρτα καὶ « ἀγήρω πάντα, καὶ μετὰ καρπῶν ἀίδια τὰ δένδρα, καὶ ὥρα « μία ἐαρινὴ ἀμετάβλητος καὶ ἀναλλοίωτος. Τοῦτο δ' ἐστὶ τὸ « θρυλλούμενον πεδίον Ἡλύσιον, καὶ ἀσφοδελὸς λειμών. »

(37) Une autre imitation d'Homère se trouve dans PHILOSTRATE, *Icon.* l. II, 17, p. 857, *édit. d'Oléar.* οἱ μὲν (βότρυς) ὀργῶσιν, οἱ δὲ περκάζυσιν, οἱ δ' ὄμφακες, οἱ δ' ἐπάνθαι δοκῦσιν, qu'ont littéralement copié ARISTÉNÈTE, I, 3, 18, 19, et un auteur moderne, publié dans *Laur delic. eruditor.* t. XII, p. 56.

« à celui d'Alcinoüs ; mais à présent je crois le
« mien beaucoup plus beau. Car quoique l'autre soit
« une fiction créée à plaisir par l'art et le caprice
« du poète, il ne l'emporte pourtant pas sur le
« mien, malgré l'éloquence d'Homère dont la riche
« imagination y a réuni tous les genres d'agrémens.
« Selon lui, les fruits d'Alcinoüs ne cessent point
« l'hiver, ne manquent point l'été ; et mon jardin
« que l'hiver n'attaque jamais, jouit encore de tous
« les avantages de l'été ; on y voit les saisons se
« rapprocher, ou plutôt se confondre, et tous les
« lieux où elles confondent ainsi leurs agrémens,
« ressemblent, mon ami, à ceux qu'habitent les
« ombres fortunées. Au reste, si mon jardin est
« semblable à celui d'Alcinoüs par le mélange des
« saisons, il lui est bien supérieur sous d'autres
« rapports. Le poète dit que le sien fleurit trois
« fois par an, le mien ne fait que cela toute l'année.
« Dans l'autre, quelques plantes fleurissent, d'autres
« germent, d'autres mûrissent, d'autres sont bonnes
« à cueillir. Le mien fleurit de même, et puisse-t-il
« fleurir, tant qu'il y aura des saisons, et qu'elles
« produiront des fruits et des couronnes ! »

Parmi les auteurs français qui rappellent le jardin
d'Alcinoüs, je citerai ROUSSEAU, *Émile*, liv. V,
p. 44, t. X, *édition de Genève.* Il en parle à l'occasion
d'une promenade d'Émile dans un jardin. « Ce
« jardin a pour parterre un potager très-bien entendu,
« pour parc un verger couvert de grands et beaux ar-
« bres fruitiers de toute espèce, coupé en divers
« sens de jolis ruisseaux et de plate-bandes pleines

« de fleurs. Le beau lieu ! s'écrie Émile , plein de
« son Homère , et toujours dans l'enthousiasme ; je
« crois voir le *jardin d'Alcinoüs*. Sophie voudroit
« savoir ce que c'est qu'*Alcinoüs* , et sa mère le
« demande. *Alcinoüs* , leur dis-je , étoit un roi
« de Corcyre , dont le jardin , décrit par Homère ,
« est critiqué par les gens de goût , comme trop
« simple et trop peu paré. » *Rousseau* donne dans
la note une traduction peu exacte du passage d'Homère , à la fin de laquelle il ajoute cette plaisan-
terie : « Telle est la description du jardin royal
« d'Alcinoüs , au 7.e livre de l'Odyssée , *dans le-*
« *quel , à la honte de ce vieux rêveur d'Homère et*
« *des princes de son temps , on ne voit ni treillages ,*
« *ni statues , ni cascades , ni boulingrin.* »

DELILLE , à l'occasion du vers suivant de son
poème des *jardins* ,

Du simple Alcinoüs le luxe encore rustique
Décoroit un verger.

(Chant. I, v. 55.)

dit dans la note p. 161 , édit. de l'an IX : « C'est
« un monument précieux de l'antiquité et de l'his-
« toire des jardins que la description que fait Ho-
« mère de celui d'Alcinoüs. On voit qu'elle tient
« de près à la naissance de l'art ; que tout son luxe
« consiste dans l'ordre et la symétrie , dans la richesse
« du sol , et dans la fertilité des arbres , dans les
« deux fontaines dont il est orné : et tous ceux qui
« voudroient un jardin pour en jouir , et non pour
« le montrer , n'en demanderoient pas d'autre. »

BAYLE , *Dictionnaire hist. et crit.* , art. *Alcinoüs* ,

cite *Théophile*, patriarche d'Antioche, comme ayant parlé de ce jardin dans son 3.e livre *ad Autolycum*. Il remarque que, d'après *Nicol. Lloyd*, on doit y corriger la leçon *Antinoüs* et substituer *Alcinoüs*. J'observerai que cette critique est absolument fausse, quoiqu'il soit vrai que les noms *Alcinoüs* et *Antinoüs* aient été souvent confondus par les copistes (Voyez SANTEN *sur Properce*, p. 787). Théophile parlant du ridicule des divinités grecques et du culte qu'on leur rend, finit par dire : Ἐγὼ τὰ Ἀντίνοῦ τιμίην, καὶ τὰ τῶν λοιπῶν καλύμενα Θεᾶν. καὶ γὰρ ἱστόρημα τοῖς συνετοῖς κατὰ γέλαλα φέρει. On voit clairement qu'il parle des temples érigés à *Antinoüs*, et non des jardins du roi de Corcyre.

I I.

Grotte de Calypso.

Lorsque l'Anglais enthousiaste parle des progrès du jardinage particulier de sa patrie, ou de celui de paysage, comme il aime mieux l'appeler, il n'oublie presque jamais d'admirer la prophétie de l'illustre MILTON, qui, devançant de plus d'un demi-siécle les créateurs du nouveau jardinage *Kent* et *Brown* (38), ornâ le paradis terrestre du désordre charmant des richesses inépuisables de la nature. « Que j'aimerois à décrire . . . . ces fleurs dignes du

(38) Lisez, par exemple, *Horace* WALPOLE, *on modern gardening. Works*, t. II, p. 527 s. : He seems with the prophetic eye of taste to have conceived, to have foreseen, modern gardening, etc., ou la traduction de KRÜNITZ, par le Baron de Tivernois. Berlin, 1797. t. IV, p. 88.

« paradis ! Loin d'être rangées par un art minu-
« tieux en jolis compartimens, en élégantes bor-
« dures, la nature généreuse les versoit avec pro-
« fusion sur les collines et dans les vallons, sur les
« champs découverts, que le soleil levant frappe de
« ses premiers rayons, et sous les frais bocages,
« dont tout l'éclat du midi ne peut percer l'ob-
« scurité (39). »

Le poète, dit-il, s'élevant au dessus de son siècle,
lorsqu'il écrivoit ce passage, ne voyoit-il pas en
prophète inspiré, le beau jardinage, qui caracté-
rise aujourd'hui sa nation ? « On voit d'un autre
« côté de sombres grottes et de profondes cavernes
« où régnoit une agréable fraîcheur ; elles étoient
« tapissées des grappes pourprées d'une vigne géné-
« reuse et prodigue du luxe de ses rameaux ; on
« entendoit le murmure des ruisseaux descendant en
« cascades le long des collines ; une partie se dis-
« persoit dans la campagne, l'autre alloit former
« un lac dont le cristal pur et tranquille réfléchis-
« soit, le long de ses rives, l'image découpée des
« myrtes qui les couronnoient. L'air retentissoit des
« concerts des oiseaux, et les Zéphyres, les jeunes
« et tendres Zéphyres, exhalant le parfum des bois
« et des prairies, soupiroient sous la feuille trem-
« blante. »

Ne croira-t-on pas, continue l'admirateur dans
son extase, que Milton avoit déjà aperçu, dans une
vision, les parcs de Hagley et de Stourhead ?

(39) Le Paradis perdu, *traduction nouvelle avec des notes.*
Paris, VIII, t. I., p. 88.

Ce n'est pas une observation nouvelle, que les grands poètes devancent leur siécle par la raison même qu'ils n'appartiennent proprement à aucun. Il étoit naturel que l'esprit de Milton, nourri des plus belles fleurs de la poésie de tous les temps, et s'élançant vers l'Orient du vol audacieux d'un aigle, ne s'arrétât pas, comme c'étoit le goût de son temps, à des haies de buis taillé, et à des berceaux mesurés au compas. Il se figuroit un jardin naturel, semblable à ceux de l'Orient, et il avoit lu, sans doute, ce que les anciens disent des paradis de l'Asie fortunée (40). Aussi seroit-il difficile de concevoir comment il auroit pu mettre les ouvrages maniérés et ridicules des jardins d'alors, dans le séjour des premiers habitans de la terre, à moins qu'il n'eût voulu placer un ange avec de grands ciseaux sur les échelles du jardin, et mettre un cordeau à la main de Gabriel.

C'est avec plus de droit que les Grecs auroient pu accorder à HOMÈRE les éloges que les Anglais pro-

(40) Pourquoi *Milton* n'aurait-il pas connu les réflexions intéressantes qu'avoit faites avant lui, sur le jardinage, son compatriote, le grand *François* BACON (*Essays*, 46, p. 144. Lond., 1755)? C'est avec le même droit qu'on pourroit dire que POPE, qui, dans sa quatrième épitre critique, tourne en ridicule le jardinage bizarre de ses contemporains ;

Each alley has a brother
And half the garden just reflects the other,

a donné le signal, pour améliorer et simplifier cet art. Cela est d'autant plus fondé, qu'il avoit fait dans le même esprit les plantations près de sa petite *villa* à *Twickenham*. Mais ADDISON n'avoit-il pas écrit précédemment, dans le Spéctateur, son fameux essai sur le jardinage ?

diguent à Milton. Le poète Ionique nous offre auprès de la grotte de Calypso (*Odyssée*, v. 63-73) le
tableau du plus beau jardin naturel, orné de tous
les charmes de l'ombre et de la fraîcheur, qualités
indispensables d'un parc dans ces climats. Nous ver-
rons que les Grecs, sensibles aux beautés de la
nature, ne reçurent pas vainement le modèle d'Homère. Voici son passage :

« Autour de la grotte, l'aune, le peuplier et
« le cyprès odorant formoient un bocage toujours
« vert. Là, avoient construit leurs nids les oiseaux
« aux larges ailes, l'épervier, le hibou et la cor-
« neille marine à la grande langue, et qui se plaît à
« vivre sur la mer. Une jeune vigne étendoit au-
« tour de la grotte profonde ses rameaux couverts
« de raisins. Quatre sources, voisines l'une de l'au-
« tre, y rouloient leur onde limpide, et serpen-
« toient de tous côtés. Autour d'elles verdoyoient
« d'agréables prairies de violette et de persil. Un
« Dieu même, arrivant dans ces lieux, les verroit
« avec admiration, et son cœur se réjouiroit à leur
« aspect. »

La fraîcheur de l'ombre et des eaux est le caractère principal du bosquet qui entoure la demeure
de la nymphe Calypso. Mais, il n'y manque, outre
cela, aucun des ornemens qui peuvent l'embellir
et donner un nouveau charme à cette ombre. Les
arbres sont assemblés avec choix. Ils offrent, dans
cet endroit abondamment arrosé, des tiges d'une
grande beauté, des groupes délicieux et le mélange le plus agréable de différentes verdures,

auquel les amateurs de jardins attachent encore aujourd'hui beaucoup de prix. L'*aune* (41) et le *peuplier*, dont le feuillage est plus foncé (42), étoient
probablement sur le devant, et remplaçoient dans
ce bois naturel les lauriers et les platanes, dont le

(41) Le nom grec de l'aune κλήθρη n'est proprement que la
forme féminine de l'adjectif κλήθρος, *qui clôt*, *qui renferme*, de
κληΐω, forme ionique, au lieu de κλείω. L'explication des étymologistes, que STAPEL lui-même (*sur Théophraste*, p. 220 *b*), ne
balance pas à citer sérieusement, est tout-à-fait ridicule. Ils disent
que cet arbre tirait son nom du mot *fermer*, ou parce que son
bois spongieux n'est nullement fermé, ou parce que servant à con-
struire des navires, il renferme toute sorte de choses. Il étoit cependant bien facile de trouver la véritable explication, en remarquant
les paroles de PLINE, XVI, 37, s. 67 : « *Alni* SEPIBUS MUNIUNT con-
« *traque erumpentium amnium impetus, riparum muro in tu-*
« *tela ruris excubant.* »

(42) Le mot αἴγειρος désigne le second genre principal du peuplier, vulgairement appelé *le peuplier noir*. BECKMANN (*sur Aristote, Mirab.*, ch. 70, p. 142) observe que les caractères du
peuplier blanc et noir, dont parlent PLINE et d'autres naturalistes
anciens, se trouvent aussi dans ceux qui portent ce nom aujourd'hui.
Il faut pourtant ne pas penser particulièrement à nos peupliers noirs
ordinaires, mais plutôt aux peupliers italiens, qui nous sont venus
de la Lombardie par la France. On y trouve encore la taille élevée,
dont Homère aimait à employer l'image, pour décrire la noblesse
d'un héros. Dans des temps postérieurs, on se plaisait à comparer
à ces peupliers des filles d'une taille svelte, ainsi que le prouvent
le fragment d'un ancien tragique, conservé dans l'*Etymol. M.* s. v.,
καὶ αἰγείρων ἔφυσαν εὐγενέστεραι, et l'anecdote plaisante d'un mau-
vais poète, qui avait comparé une très-petite femme à un grand
peuplier, dans LUCIEN, *pro imag.*, c. 4, t. II, p. 486. Ce peuplier ressemble aussi, par la mobilité du feuillage, au peuplier
tremble, qui est plus petit et moins considérable, *populus tremula*.
Homère paraît l'avoir également entendu par le mot αἴγειρος.
Il est probable que cette dénomination même vient de αἴσσω ;

goût inventeur des derniers temps ornoit les allées ombragées qu'on trouvoit avant les bosquets. Homère a peut-être choisi le peuplier pour plusieurs raisons. C'étoit l'arbre indigène et favori dans les pays lointains de l'occident (43), où la géographie Homérique veut qu'on place l'île de Calypso. De plus, son feuillage toujours agité et que chaque zéphyre fait trembler, sert au poète à exprimer, dans un autre endroit, l'image du mouvement le plus vif. Quand il décrit l'adresse et l'agilité des femmes qui filent et qui font des étoffes dans la maison d'Alcinoüs, il compare ce mouvement à celui des feuilles tremblantes du peuplier : « D'au-« tres faisoient de la toile et agitoient le fuseau, « assises comme les feuilles du haut peuplier (44). »

elle peint l'agitation de l'arbre, qu'on nomme dans quelques pro-vinces de l'Allemagne *den Zitterbaum, le tremble*. Tout le monde sait que le peuplier italien embellit encore aujourd'hui les paysages et les jardins. Les anciens y attachoient également quelques idées romantiques. « Hélas ! dit Phèdre amoureuse, dans Euripide *Hippol.* « *Coron*. 208, *Puissé-je puiser de l'eau pure dans la rosée de* « *la source, et reposer sous des peupliers* (ὑπό τ' αἰγείροις), « *étendue sur la prairie émaillée de fleurs !* »

(43) Homère (*Odyss.* X, 510) les plante avec les aunes, dans le bois Cimmérique, sur les bords lointains de l'occident. De-là vient encore la tradition fabuleuse des Héliades, métamorphosées en peu-pliers, et du succin, produit par leurs larmes. Cette fable a éprouvé une multitude d'explications. Voyez parmi les auteurs modernes, Beckmann, sur *Arist. Mirab.* c. 82, p. 165, et Voss, sur *Vir-gile* (*Landgedichte*, t. I, p. 519). Il en résulte, au moins, qu'on croyoit les peupliers aussi communs dans l'occident, que le bouleau l'est dans tout le nord.

(44) *Odyssée* VII, 105, 106. Voss traduit : *Sitzend umher, wie die Blætter der luftigen Silberpappel.* Il a sans doute voulu écrire *Zitterpoppel ;* le *Silberpappel* étant une espèce tout-à-fait

Ovide, dans ses Métamorphoses X , 86, fait paroître auprès d'Orphée, un bois, qui s'élève en amphithéâtre (45) aux sons enchantés de sa lyre. Il a soin d'y placer, comme le plus bel ornement, le cyprès de forme pyramidale :

> « Le cyprès, des forêts mouvante pyramide,
> « Jadis l'ami du dieu qui manie à la fois,
> « Et l'arc, et l'archet d'or, qui frémit sous ses doigts. »
>
> De Saint-Ange. Tome II, p. 156.

différente. Cette comparaison a déjà beaucoup embarrassé les anciens. On sait que κερκίς est le nom d'une espèce de peuplier (Théophraste, *Hist. des plantes*, III, 14, p. 214). Elle avoit apparemment ce nom à cause de la ressemblance de son agitation avec le mouvement vif et prompt du peigne à tisser, qui s'appeloit κερκίς. Voy. Schneider, *Index ad script. rei rust.*, p. 570, s. Ce peuplier étoit donc proprement le peuplier tremble. Mais κερκίς étoit encore le nom d'une partie du théâtre. On entendoit par là les rangs les plus élevés et les plus désagréables pour les spectateurs. Voy. Casaubon sur *Théophraste* V, p. 71, et les observations contraires, mais peu importantes de Saumaise sur *Solin*, p. 643. C'est ainsi qu'on peut entendre l'explication de l'ancien scholiaste sur ce passage de l'Odyssée ; explication qu'*Eustathe* même avoit de la peine à comprendre : αἱ μὲν ὅτι ἡλιοτροπίου τάξιν ἐστῆχον καθήμεναι, διατρόπιδως. On voit que quelques-uns croyoient qu'Homère a voulu exprimer par cette image la manière dont les esclaves étoient assises en amphithéâtre. Ce qui a donné naissance à cette opinion, c'est que κερκίς signifie à la fois une partie des bancs de théâtre et une espèce de peuplier. A la place de ἡλιοτροπία, qui n'offre aucun sens, lisez ἡμικυκλία (Pollux, IV, 127), mot beaucoup plus convenable, et tout sera éclairci.

(45) Les Romains avoient de semblables amphithéâtres d'arbres dans les parcs de leurs maisons de campagne. Un esclave, travesti en Orphée, rassembloit les animaux de ce bois avec un instrument à vent. Voy. Varron *de R. R.* III, 13. Il est très-probable qu'*Ovide*, en décrivant les arbres assemblés autour d'Orphée, avoit quelque chose de semblable devant les yeux, quoique son imagination ardente l'entraînât trop loin. Ce passage des métamorphoses a donc aussi de l'importance pour le jardinage d'art.

On ne peut rien voir de plus agréable que cet arbre, qui croît dans les pays chauds. Il fut transporté de l'île de Crète, sa première patrie, avec le culte primitif de la vierge Diane, dans d'autres pays qui sont sur les côtes de la mer Méditerranée, et ensuite du golfe de Tarente dans toute l'Italie. Quand *Théocrite* ou *Virgile* décrivent un joli bocage, ou une allée de beaux arbres, ils n'oublient presque jamais d'y placer le cyprès. C'est ainsi qu'il paroît également devant la grotte romantique de Calypso, *comme une Grace au milieu des arbres* (46), pour former un

(46) L'île de Crète passe généralement pour la plus ancienne patrie du cyprès. Il y croît de lui-même. Voy. THÉOPHRASTE, *Hist. des plantes*, III, 2, p. 118, et PLINE, XVI, 33, qui l'a copie. On conçoit par-là pourquoi le cyprès étoit consacré de préférence à la Diane de Crète (*Britomartis, la douce vierge*). Cette idée offre aussi une explication plus juste du *lucus Dianae* dans VIRGILE, *AEn.* III, 68, que celle de *Diane-Hécate*. On alla encore plus loin : on compara aux Graces les jeunes cyprès élevés, et on leur donna le nom de Χάριτις, διὰ τὴν τέρψιν, comme dit CASSIANUS (*Géopon*, XI, 4, p. 796) à qui nous devons cette remarque. Comme les Grecs, amateurs de fables, racontoient des métamorphoses de tous les arbres, ils en étoit de même des cyprès de la Crète. On les disait enfans d'un certain Étéocles, et on les accusoit d'avoir voulu surpasser les dieux à la danse. Ce n'est que postérieurement, lorsque le cyprès devint un arbre funèbre et consacré au deuil, qu'on inventa la métamorphose lugubre, racontée par Ovide. Au reste, le mot κυπάρισσος est d'origine orientale, ainsi que le prouvent suffisamment les essais infructueux des étymologistes grecs. Nous n'avons jusqu'ici, sur les arbres, aucun livre pareil à celui de *Zimmermann* sur la zoologie, aucune histoire de leurs voyages, aucune carte botanique. Ceux qui voudront consulter BOCHART, *Geographia sacra*, P. I, liv. I, c. 4, ouvrage qu'aujourd'hui on loue plus qu'on ne le lit, ne pourront plus douter qu'il ne faille chercher la patrie du cyprès, entre l'Euphrate et le Tigre,

groupe agréable avec les peupliers et les aunes , tant par son sommet élevé et pittoresque , que par la teinte sombre et sérieuse de son feuillage. Sous son ombre obscure s'exhale , dans la saison la plus chaude , une odeur de résine saine et agréable. C'est pourquoi Homère lui donne de préférence l'épithète d'*odorant.* Le cyprès a dû par la suite payer bien cher cet honneur. Les anciens , en brûlant les morts , songeoient particulièrement à diminuer la mauvaise odeur , par différens parfums , et choisissoient de préférence le bois de cyprès , pour former le bucher et pour décorer le lieu où il étoit placé. On vit ainsi un des arbres les plus agréables passer aux tristes enfers (47) , et devenir aux portes des riches l'annonce de la mort. HORACE dit déja (II, 14) :

« Des arbres que tu vis naître ,
« Posthume, l'odieux cyprès
« Est le seul qui suivra son maître. »

DABU, t. I, p. 143.

Le poète ne manque pas de peupler ces arbres d'habitans qui leur conviennent. Il est vrai que les oiseaux qu'il y place , ne sont pas du goût des auteurs d'idylles amoureuses. Ils n'auroient pas même bien figuré dans la volière de Varron. Mais cela

et que ce n'est qu'ensuite que son nom et sa graine furent apportés, par les Phœniciens, en Grète et sur les côtes de la mer Méditerranée.

(47) PLINE, XVI, 55 , s. 16 , dit beaucoup de mal de cet arbre. Il pense qu'il est consacré à Pluton ; parce qu'il est obscur, et qu'il a l'odeur forte, *odore violenta.* Conférez FESTUS, *s. v.* cupressus: VARRON auroit déja pu le faire changer d'opinion. Cet auteur dit expressément qu'on choisissoit le cyprès pour les buchers, afin de chasser l'odeur de brûlé et celle des morts (*hidor*).

ne nous empêche pas de croire que la solitude romantique de cette île, est très-bien caractérisée par
ces oiseaux, et que par conséquent la population de ce
jardin naturel est tout-à-fait bien choisie. On y voit
des oiseaux aux larges ailes, parce qu'ils avoient dû
traverser les mers avant de pouvoir y fixer leur séjour. Ils nous rappellent les faucons et les éperviers,
que des voyageurs modernes ont rencontrés, en
très-grand nombre, dans les îles Açores et dans
celles du Cap-Vert. En général, l'*épervier* n'est pas
seulement employé dans le culte hiéroglyphique des
Ægyptiens, où il est le symbole du soleil, mais il
passe dans toute l'antiquité pour le saint messager
des dieux (48). Il étoit aussi du goût de la nymphe
Calypso. Les lecteurs de nos jours doivent trouver
singulier de voir, parmi les habitans ailés de ce
bocage, les *hiboux* que nous aimons mieux clouer aux
portes des fermes, que de les entretenir dans les jardins. Les anciens étoient déja embarrassés de ces
hôtes dans le bois de Calypso, et quand M. Voss
traduit par *hibou* le mot σκὰψ, dont l'orthographe
et le sens sont également amphibologiques, il a pour
lui l'explication vulgaire, mais nullement les opinions de tous les interprètes. Selon moi, les *scopes*
d'Homère sont plutôt de la race des *pluviers* (*Re-
genpfeiffer, Meven*) (49). Ce qui est certain, c'est

----

(48) De-là vient même son nom ἱέραξ, ἱρηξ, *sacer ales*,
VIRGILE, *Æn.*, II, 721. Voy. BOCHART, *Hieroz*, P. II, l. II,
19, c. 267, où l'on trouve plus de détails.

(49) EUSTATHE, p. 1525, 57, dit que les Romains les appelaient
κικυβας. Nous ne devons pas avoir honte d'avouer notre igno-

qu'on les décrit comme des oiseaux amusans, qui
copient tout et qui imitent surtout les langues étran-

rance sur ce chapitre obscur de l'ancienne ornithologie, puisque
PLINE, le Polyhistor, quoique possédant tant de ressources qui
nous manquent, dit franchement : « *Nominantur ab Homero* Sco-
« PES, *avium genus : neque harum satyricos motus, cum insi-*
« *dentur, plerisque memoratos, facile conceperim mente :* NEQUE
« IPSAE IAM AVES NOSCUNTUR. X, 49, s. 70. » Ce qui résulte des
données offertes par ATHÉNÉE, IX, 9, p. 391, ÉLIEN, H. A.,
XV, 28, p. 889, *Gron.*, c'est que le σκώψ passoit pour un oiseau très-amusant, qui imite tout et se moque de tout ; que l'on
avoit une espèce de danse moqueuse, qui portoit le même nom,
(Voy. POLLUX, IV, 103, et MEURS. *de orchestra, s. v.* ; mais
on ne doit pas confondre le σκώψ avec σκοπός ou σκοπιάς, danse
pendant laquelle on tenoit la main au dessus des yeux), et que c'est
de-là que tirent leur origine le verbe σκάπτω et ses nombreux
dérivés. Conf. HEMSTERHUYS *dans Lennep. Etymol.* p. 903. Il est
vrai qu'ARISTOTE (v. CAMUS, *notes sur l'Histoire d'Aristote,*
p. 288) désigne par σκώψ *le petit duc de* BUFFON, *strix scops de*
LINNÉ, *das kleinere Kœuzlein, die Baumeule mit Ohren.* On
le décrit aussi comme très-joli, et VAILLANT (*Hist. des Oiseaux de*
l'Afrique, t. II, p. 278, *édit. in-8.°*) le nomme *un charmant*
petit oiseau de nuit. Mais je ne trouve dans les naturalistes modernes (v. BUFFON, dernière édit. de Paris, in-12, t. XI, p. 259.
LATHAM *allgemeine Uebersicht der Vœgel, von Bechstein,* vol. I,
P. 1 ; p. 121) aucun indice de sa voix imitatrice, qui, dans THÉO-
CRITE, I, 136, fait proverbe, et qui déterminoit probablement les anciens
critiques grecs à supposer deux oiseaux tout-à-fait différens, l'un de
l'espèce connue des hiboux, κῶπις, l'autre de celle des oiseaux moqueurs d'Homère, σκῶπις. Le temps nous a conservé des tessères
d'Ephèse, avec un cerf couché par terre, et qui regarde derrière lui.
On y trouve l'inscription : CΚΩΠΙ. Telle est la raison pour laquelle
le σκώψ est devenu un oiseau numismatique. Le savant anglais
EDMUND CHISHULL a écrit sur ce sujet une dissertation particulière,
qui se trouve imprimée au commencement du deuxième volume du
Trésor de HAYM. Mais ECKHEL, *Doctr. num.* t. VIII, p. 517, »

gères. Dans les parcs et dans les paradis des temps postérieurs, les Grecs avoient coutume de placer des perroquets (50) ; en général, les oiseaux babillards et qui imitent les voix, servoient souvent de récréation aux anciens (51). Je pense donc que ces *oiseaux moqueurs* avoient pu être pour Calypso un passe-temps agréable. Dans nos poëmes épico-romantiques, les chevaliers s'entendent souvent appeler par des pies et par des oiséaux babillards. Un parc peuplé de *mock-birds* de l'Inde (52), feroit sur les Européens au moins autant d'effet qu'il en fait tous les jours sur les Créoles dans les Savanes de la Jamaïque, et dans les deux Carolines.

M. Tischbein représente, sur une feuille particulière de son *Homère en figures*, la riche abondance des plantes dans les climats fertiles, sous l'influence desquels *Homère* a composé ses poèmes immortels. Il place au milieu de beaux groupes

déja prononcé sur cette marque d'apothicaire. Chishull compare le scops avec une espèce de pluviers anglais que l'on nomme *dotterells*, *charadrius morinellus*, guignard (Buffon, t. xix, p. 271), *Possenreisser*, *Morinell-Kiebitz* (Funcks Naturgeschichte, t. I, p. 291). Mais les ornithologues savent qu'outre l'oiseau moqueur de l'Amérique, il en existe encore *cinq* autres. Peut-être le *falco cachinnans* ou le *larus ridibundus*, *die Lachmeve*, s'approche-t-il le plus du *scops* des anciens.

(50) Achille Tatius, I, p. 55, *édit. de Saumaise.*

(51) Stace *Sylv.* II, 4, avec les notes de *Dœring* dans les *Eclog. vet. poët. latin.* p. 251 ss.

(52) *Turdus polyglottus* Linn. *le Moqueur.* On connoît par Catesby et Edward ce *rossignol d'Amérique*, que les Indiens nomment *Centcentlatolli*, c'est-à-dire, l'oiseau de 500 langues. Il accompagne ses variations d'une mimique, dans la description de laquelle Buffon a épuisé tout son art. T. XIV, p. 105. 106.

d'arbres quelques ormeaux , qui , mariés avec la vigne , forment les piliers d'un arc , dans lequel une
touffe de ceps , couverte de feuilles épaisses et de
riches raisins, se réunit en dôme. La vigne , le lierre
et d'autres plantes parasites sont encore aujourd'hui
employés dans nos jardins, pour faire de beaux treillis.
Leur emploi est infiniment plus varié dans l'Italie
et dans la Grèce , dont le climat ardent exige un
plus grand nombre de berceaux et d'allées ombragées *(hypampeli, trichilæ)*. On aimoit surtout la
vigne et le lierre , pour tapisser les grottes et pour
leur donner de l'ombre et de la fraîcheur (53).
Homère donne ici un excellent modèle , que les
Grecs n'ont jamais perdu de vue , dans la con-
struction de leurs grottes et de leurs *nymphæa*.

« *Une jeune vigne* (54) *étendoit autour de la grotte*
« *profonde ses rameaux couverts de raisins.* »

(53) Qui pourroit rassembler toutes les descriptions que font les
anciens poètes de grottes ainsi décorées? Je rappellerai seulement ici
celle d'Amaryllis dans Théocrite, III, 13, où le berger langoureux
voudroit pénétrer sous la forme d'une abeille bourdonnante, au milieu
du lierre et de la fougère, qui composent sa couche. Je rappellerai
encore la source fraiche, dont parle le même poète, *épigr.* 4. ἵνα
πέριξ κέχυται βοτρυόπαις ἕλικι Ἄμπελος. Que les tombeaux même
ont d'agrément sous de semblables ombrages ! Lisez, par exemple, la
jolie épigramme de *Simmias* sur le monument de Sophocle. Anthol.
t. I. p. 100, *édit. de Jacobs.*

(54) Le poète a choisi exprès le mot ἡμερίς, pour la distinguer de
la vigne sauvage. Le même mot se dit aussi d'une espèce de glands
comestibles. Voyez Saumaise *sur Solin*, p. 559 et s. Il faut entendre
par cette vigne celle que les Romains appeloient *vitis arbustina*, dont
les branches ont besoin d'un arbre, pour s'élever. Telle est la glosse
de Hésychius, qui l'explique par ἀναδενδράς, nom que les Grecs

Au milieu du bocage s'étend, sur une pente douce, une prairie émaillée de fleurs. Quatre sources la traversent en différens sens, et y répandent leurs eaux. Le poète laisse l'imagination de ses auditeurs ajouter encore d'autres détails à cette plantation enchanteresse, et y prodiguer assez de charmes, *pour qu'un dieu même s'y arrête avec admiration.* Certes, par ce seul trait, Homère exprimoit beaucoup plus que *Le Tasse* et *Arioste*, par tout ce qu'ils rassemblent dans les jardins enchantés d'Armide et d'Alcine. *Marino* et *Spencer* ont exprimé bien moins encore; malgré tous les efforts de leur imagination extravagante. Ce n'est que dans les fleurs dont Homère orne sa prairie, que les anciens eux-mêmes voyoient déja quelque chose de singulier et de mal choisi. Car quoiqu'ils trouvassent l'ache bien placée dans un endroit humide (55); ils n'auroient

donnoient aux vignes, qui s'attachoient aux arbres et aux grottes. Voy. *Geopon.* IV, 1, p. 265 et s. Les anciens n'oublient jamais ces vignes, lorsqu'ils décrivent une contrée agréable. On les trouve, par exemple, dans la description du paradis de Nysa en Arabie dans DIODORE III, 7, p. 257. *Wessel.* ἄμπελον αὐτοφυῆ καὶ ταύτης τὴν πλείστην ἀναδεδραμένα. Le luxe de la Perse les imitoit même en or et en pierres précieuses. Voyez DIODORE, XIX, 48, p. 555. BRISSON. *de regn. Pers.* I, p. 52.

(55) VIRGILE *Georg.* IV, met ses *virides apio ripas* au nombre des beautés de son jardin. Il y a deux espèces principales d'ache, l'ache de montagne et l'ache d'eau qu'on nomme *berle.* Je crois qu'il faut entendre ici la dernière, l'ἐλεόθρεπτον d'HOMÈRE, *Iliade* II, 776, plante ombellifère, qui pousse des tiges de la hauteur de quatre pieds, et dont les feuilles ressemblent à celles du fenouil des vignes, *die Milchpetersilie* LINN. *gen. plant.* 337. *cl.* III, *ord.* 2. Voyez FORSTER *sur les voyages de Swinburne dans les deux Siciles.*

jamais cru pouvoir y trouver des violettes ; et le
roi *Ptolémée Evergète* avoit déjà prononcé qu'au lieu
d'*ἴον*, *violette*, il falloit lire *σίον*, *sium*, berle, ache
d'eau (56).

La raison principale de cette correction est, que

t. II, p. 3o5. Cette plante plaisoit aux anciens à cause de ses feuilles
tendres, frisées et finement découpées. Ils s'en formoient des couronnes,
à cause de la manière agréable dont elle se méloit aux cheveux. C'est
pourquoi on comparoit aussi à la feuille de l'ache les cheveux des
jeunes filles, frisés au dessus du front et des oreilles. LUCIEN, *pro imag.*
c. V, t. II, p. 487. *Amor.* 26, t. II, p. 427. Conférez aussi THÉO-
CRITE, XX, 23. On préféroit même cette plante, pour en former des
couronnes pour les vainqueurs dans les jeux Néméens et Isthmiques.
Voyez Voss *sur Virgile, Landgedichte*, t. I, p. 524 et s. Ce n'est
qu'ensuite qu'on mit à sa place la branche de pin. Voyez WESSELING
sur Diodore, t. II, p. 142, 18. Les anciens aimoient surtout à faire
du persil des lits de feuilles, *stibadia.* THÉOCRITE, VII, 67 : « Je
« reposerai mollement sur un lit touffu de sariette, de persil et
« d'asphodèle. » Ainsi, les bêtes de somme portent à l'armée de
Timoléon σέλινα ἐς τὰς στιβάδας. Dans les temps postérieurs, on
cultiva avec beaucoup de soin, dans les jardins, ces plantes qu'on
choisissoit pour les couronnes, et dont *Horace* desire souvent se cou-
ronner. En y passant le cylindre, on les rendoit encore plus crépues.
Voyez les passages cités par NICLAS, *Géopon.* p. 899. Cette plante est
donc bien choisie, puisqu'elle faisoit le plus grand ornement des anciens jardins. On la voit encore sur les médailles de la ville de *Selinus*,
qui porte son nom. Voy. ECKHEL *Doctr. num.* P. I, p. 238.

(56) C'est ce que raconte ATHÉNÉE II, 49, p. 61. D. Il s'agit de
Ptolémée VII, appelé *Evergète* par ses adulateurs, et *Physcon* à
cause de sa grosseur extraordinaire. Malgré ses défauts, il avoit hérité
de l'amour de ses ancêtres pour les sciences, et il se distingua par
ses écrits. ATHÉNÉE cite un passage du livre VIII de ses mémoires,
ὑπομνήματα, XII, 12, 549. F; et se trouve très-probable que la
correction d'Homère, dont nous parlons, leur soit également em-
pruntée.

la violette ne convient nullement à ce terrain, mais que c'est plutôt le *sium*, qui croît dans les prairies, abondamment arrosées (57). Mais Homère, pour orner ce tapis naturel, n'auroit-il connu que deux plantes aquatiques, qui se ressemblassent tout-à-fait? Et pourquoi Ptolémée, suppose-t-il qu'il n'est ici question que d'une prairie humide? N'est-il pas plutôt probable qu'auprès de la grotte, on voyoit une douce pente (*slope* dans le langage technique des Anglais), et qu'Homère, en plantant sur le haut des violettes, et plus bas du persil, joignoit dans cette description la variété à la vérité (58)?

C'est une chose singulière que la critique des rois. La reine Elisabeth avoit aussi ce goût bizarre. Non contente d'avoir traduit la consolation de Boèce, pour se consoler de l'apostasie du roi Henri VIII, elle confia à l'ambassadeur d'Écosse, *Melville*, quelques corrections absurdes sur Virgile, auxquelles ses courtisans avoient auparavant prodigué leurs applau-

(57) Hésychius commente σίον par λάχανον ἐμφερὲς σελίνῳ. Voy. les Interprètes de Théocrite, V, 125, dont les scholies l'expliquent par le mot vulgaire βεργῦλα. Bauhin *Histor. plant.* XXVII, 73, t. III, p. 172, le détermine par *sium umballiferum*, *Wassereppich*, sion *apium palustre*. Dietrichs *Pflanzenreich*, t. I, p. 548. *Water Parsnep*, dans Folcomer *miscellaneous tracts relat. to natural history*, p. 160.

(58) On trouve encore la violette (soit la violette bleue de mars, soit la giroflée, v. Voss *sur Virgile*, *Landgedichte*, t. I, p. 77), jointe au persil dans d'autres poètes, à l'occasion de couronnes et de repas. Voyez, par exemple, Athénée, XIV, 7, p. 629, E: « Où sont « les violettes? Où est le beau persil? » Ποῦ μοι τὰ ἴα; ποῦ μοι τὰ καλὰ σέλινα;

dissemens. *Ptolémée* devoit probablement cette correction à son maître *Aristarque*, et se para de l'érudition d'un autre, comme si c'eût été la sienne (59).

Les environs romantiques de la grotte de Calypso servoient de modèle aux Grecs, pour orner leurs *nymphæa*, qui étoient les plantations les plus embellies de l'ancien monde, et que l'on peut comparer aux jardins anglais de nos jours. Il en sera question dans le prochain chapitre.

Rien n'est plus agréable et plus tranquille que cette grotte, qui embellit les rivages éloignés de l'Océan et l'extrémité du monde occidental, où Homère a placé l'île d'Ogygia. Je n'ai jamais lu la description qu'ANSON, le voyageur autour du monde, fait avec tant d'éloquence de l'île *Juan Fernandez*, sans me rappeler l'Ogygia d'Homère. L'endroit où Anson fit dresser ses tentes, est le plus charmant jardin de plaisance qu'ait produit la nature. C'étoit une clairière éloignée du bord de la mer d'un demi-mille anglais ;

---

(59) Εἷς ὢν τῶν Ἀρισάρχυ τοῦ γραμματικοῦ μαθητῶν, dit ATHÉNÉE de ce Ptolémée II, 28, p. 71. B. Il étoit donc du nombre de ces Ἀρισάρχειοι, contre lesquels on connoît la satyre de *Hérodicus* (ATHÉNÉE, V, p. 222. A.) qu'on a tant répétée comme le répertoire de toutes les invectives contre la *critique de mots*. EUSTATHE cite et approuve même cette correction. Comme il parle expressément des παλαιοὶ, p. 1524, 40 ; il la regardoit probablement comme venant de l'école d'Aristarque, qu'il désigne ordinairement par le mot παλαιοί. LUCIEN se moque avec beaucoup d'esprit du pédantisme (ψυχρολογίαι, *Hist. vérit.* II, 20, t. II, p. 170) d'Aristarque, qui n'avoit pour but que des corrections superflues et des subtilités. WOLF *Proleg. Homer.* p. ccl, en donne plusieurs preuves, auxquelles on peut ajouter l'exemple dont il est question ici.

et située dans un endroit dont la pente étoit extrê-
mement douce. Cette clairière étoit entourée par derrière d'un bois de grands myrtes, rangés en amphithéâtre ; le terrain que ce bois occupoit, ayant plus de
pente que la clairière, et cependant pas assez pour que
les hauteurs et les précipices, qui étoient plus avant
dans le pays, ne s'élevassent considérablemet au
dessus des sommets des arbres, et n'augmentassent
encore la beauté du coup-d'œil. Deux ruisseaux cou-
loient sous les arbres qui environnoient la clairière,
l'un au côté droit de la tente, et l'autre au côté
gauche, à la distance d'environ cent verges. « L'om-
» bre, dit Anson, et l'odeur admirable qui sortoit
» des bois, la hauteur des rochers qui paroissoient
» comme suspendus, et la quantité de cascades
» transparentes qu'on voyoit de tous côtés, formoient
» un séjour aussi charmant qu'il y ait peut-être sur
» toute la face de la terre (60). » Malheureux Sel-
kirk, au milieu de tant de beautés, tu as soupiré
après ta délivrance, pendant des années entières.
Hélas ! tu n'avois pas même une Calypso pour te
consoler dans ton Ogygia !

(60) Voyez *Voyage autour du monde, fait par Georges* Anson
(Genève, 1750, 4), p. 106. 107, avec la représentation de cet endroit, pl. 12.